調べよう！
わたしたちのまちの施設

図書館

東京都杉並区天沼小学校教諭 新宅直人 指導

2

小峰書店

もくじ

本のさいごに、
見学のための
ワークシートが
あるよ！

やあ、ぼくはブックン。
みんなは、図書館に
行ったことはあるかな。
ぼくといっしょに
図書館のやくわりを
調べてみよう!

東京都武蔵野市にある、武蔵野市立中央図書館です。ここは、おとなむけの本がおいてある階です。たくさんの本が、きちんとならべられています。

ここは、図書館だ！

**図書館は、どんなところでしょうか。
はたらく人は、どのような仕事をしているのでしょうか。**

1 図書館ってどんなところ?

図書館のやくわり

図書館は、まちの人たちみんなが、本を楽しむことができるようにつくられた場所です。

市や町が住んでいる人のためにつくった図書館を「公共図書館」ってよぶんだよ。

①

本や新聞、雑誌を、だれでも無料で読むことができる

図書館では、雑誌や新聞、本を読むことができる。高くて自分では買えない本もたくさんある。

おとなの本も、子どもの本もあるので、家族といっしょに行くことができる。

本やDVDをかりて、持ち帰ることができる

市民は図書館の利用カードをつくれば、本やDVDをかりることができる。一度にかりられる数は決まっているが、何回かりても、お金はかからない。

自分たちの住むまちについてくわしく調べられる

公共図書館では、市や町の歴史を記録した本などを集めている。まちの昔の写真を集めた本など、本屋さんで売っていない本もある。

みんなの住む
まちには、図書館は
いくつあるかな？

図書館をさがそう！

みんなの住むまちにも、図書館があります。地図を見て、
ここでは東京都武蔵野市の図書館をさがしてみましょう。

武蔵野市

地図帳でさがしてみよう

　まずは、自分の住む都道府県が、日本のどのあたりにあるか、
そして、市が、都道府県のどのあたりにあるか、地図帳でさが
してみましょう。

東京都武蔵野市の場合

日本　東京都

武蔵野プレイス

図書館はどんなところにあるかな?

武蔵野市には、図書館が3つあります。駅も3つありますが、中央図書館は、駅からはなれた場所にあります。

市内のどこに住んでいる人も利用できるように考えて、建てる場所が決められています。

武蔵野市の図書館のある場所のとくちょう

★中央図書館は市のまん中にある。

★駅からはなれた場所に住む人も、中央図書館へ行きやすい。

★ほかの2つの図書館は、駅のすぐそばにある。

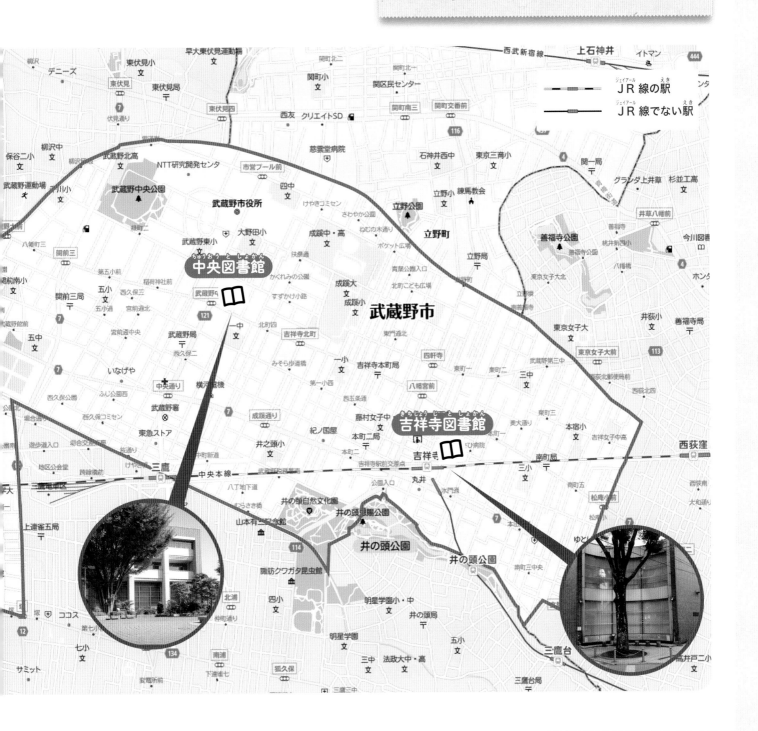

まちと図書館の歩み

まちの図書館は、いつごろつくられたのでしょうか。昔は、どんなようすだったのでしょう。東京都武蔵野市を例に、見てみましょう。

小学校の空き教室につくられた武蔵野町立図書館。本を読みに、たくさんの人がやってきた。

70年前 図書館の誕生

日本ではじめての公共図書館は、150年前に東京都文京区につくられました。それから全国に少しずつ図書館がふえました。75年前に大きな戦争が終わり、その後、たくさんの市町村で図書館がつくられました。

武蔵野市ではじめてつくられた図書館は、学校の空き教室を利用しました。この図書館の本は、戦争で焼け残った本ばかりでした。

年	1872	1945	1946	1947	1957
武蔵野市と図書館のおもなできごと	○日本初の公共図書館ができる	○大きな戦争（第二次世界大戦）が終わる	●武蔵野町立図書館ができる	●町から市となり、武蔵野市立図書館になる	○市の人口が10万人をこえる

みんなが住むまちでは、いつごろ図書館ができたかな？

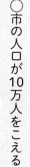

市の図書館にある本の数の変化
（1さつが1万さつをしめす）

1946年
5615さつ

今の中央図書館

55年前 コンクリートの図書館ができる

　図書館ができて2年後、子どもがふえて学校の教室が足りなくなったので、図書館はべつの建物にひっこしました。けれど、木でできた建物では火事になったら本がすべてもえてしまうので、市は新しく、火事に強い鉄筋コンクリートの図書館をつくろうと決めました。

　そして15年後の1963年に、鉄筋コンクリート3階建ての図書館ができました。

55年前にできた武蔵野市立武蔵野図書館。鉄筋コンクリートの図書館のおかげで、火事で本が焼ける心配が少なくなった。

武蔵野プレイス

**2018年
92万1590さつ**

**1995年
41万4478さつ**

1963
●鉄筋コンクリートでできた武蔵野市立武蔵野図書館ができる

1977
●図書館の本を手にとってえらべるようになる（→12ページ）

1982
●武蔵野市立西部図書館ができる

1985
●コンピューターによる本の貸し出しがはじまる（→13ページ）

1987
●武蔵野市立吉祥寺図書館ができる

1995
●今の武蔵野市立中央図書館ができる

2002
●生まれた赤ちゃんに本をプレゼントする「むさしのブックスタート」がはじまる

2011
●西部図書館にかわり武蔵野プレイスができる

2013
○市の人口が14万人をこえる

2018
●吉祥寺図書館が新しくなる

べんりになった図書館

昔と今では、図書館での本のさがし方が、すっかり変わりました。
どんなふうに変わったのでしょうか。

60年前 本がべつの部屋にあったころ

60年くらい前、図書館では、本はべつの部屋にしまってありました。利用者が入れる部屋にはカードボックスがあって、本の題名などが書かれたカードがしまってありました。利用者は読みたい本のカードをさがして、本を出してもらいました。

本のカードがしまってあるカードボックス。利用者は中から、読みたい本のカードをさがした。

カードを一まいずつめくってさがしていたから、本をさがすのに時間がかかったんだ。

40年前 本を手にとれるようになる

40年くらい前に、利用者が本だなから本を手にとって、えらぶことができるようになりました。本をかりるときには、本の表紙のうらにあるブックカードを図書館の人がぬいて、管理していました。

今と同じように、本を手にとれるようになったころの図書館。

ブックポケットに入ったブックカード。利用者は本をかりるとき、このカードをぬいた本をわたされた。

返却する日が書きこまれる期限票。本にはりつけてあった。

1995年ごろの貸し出しのようす。コンピューターを使って
右のバーコードを読みとり、本の貸し出し手続きをした。

30年前 コンピューター登場！

30年くらい前に、手書きのカードではなく、コンピューターを使って本を管理するようになりました。本の数がふえて、手書きのカードでは管理しきれなくなっていたのです。利用者が本をさがしたり、図書館の人が本を貸したりするときにも、コンピューターが使われるようになりました。

図書館の本のバーコード。これをコンピューターで読みとって、本の題名、本を書いた人の名前、本がおいてある図書館の名前などを管理できるようになった。

今、図書館はますますべんりに

インターネットのおかげで、今では武蔵野市だけでなく、東京都全体の図書館の本をかんたんにさがせます。かりたい本の予約もできます。また、本をかりるのに、図書館の人の手をかりず自分で手続きができる「自動貸し出し」のしくみもできました。自動貸し出しができる図書館も、ふえています。

表紙または裏表紙についている専用のタグ。
自動貸出機では、この部分を機械が読みとっている。

中央図書館の自動貸出機。かりたい本を重ねて台におくと、すべての本の情報がいっぺんに読みとられ、かんたんに手続きできる。

図書館に行ってみよう

まちの図書館を調べよう！

まちの図書館は、どんなところでしょうか。武蔵野市にある武蔵野市立中央図書館に行って、調べてみましょう。

学校の図書室と、どんなところがちがうのかな？

このあたりに、本の場所をたずねたり、利用カード登録の申しこみができるカウンターがある。

白いところが、予約された本のコーナーの出入り口。利用者が予約した本は、この中にならべてある。

入ってすぐ左側に、自動返却機と自動貸出機がある。本を返すだけの人は、入り口で用がすませられる。

右に行くと、新聞と雑誌のコーナーがある。

1階　入りロの近くにあるもの

　入ってすぐ左にあるのは、返却・貸し出しのための機械と、いろいろな案内をしてくれるカウンターです。図書館に入ったところですぐに、返却や貸し出しの手続きをすませることができます。雑誌や新聞のコーナーも、入り口の近くにあります。

武蔵野市の図書館は、本を返すのもかりるのも、全部自動なんだって。

●自動返却機

返す本を1さつずつ入れる。すると、ベルトが動いて、本がおくへ引きとられる。引きとられた本は、自動で返却手続きがされる。

●自動貸出機

自動貸出機が何台もならぶ。武蔵野市の図書館では、とくべつな本以外は、カウンターではなくこの貸出機を使って貸し出す。

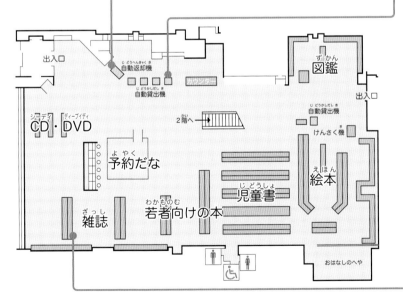

1階のフロア図

（フロア図内のラベル）
出入口　自動返却機　自動貸出機　カウンター　図鑑
CD・DVD　2階へ　出入口　自動貸出機　けんさく機
予約だな　児童書　絵本　若者向けの本　雑誌　おはなしのへや

●新聞と雑誌のコーナー

窓側にある雑誌と新聞のコーナー。いすにすわって、読むことができる。

はたらく人に教えてもらったよ

カウンターでの仕事

カウンターでは、本さがしの相談ができます。カウンターではたらく人に、仕事について聞きました。

さがしている本の場所を案内する

わたしはカウンターで、はじめて来た人への図書館の使い方の案内や、さがしている本の案内をしています。本をさがしている人には、さがしている本の題名などを聞き、カウンターのパソコンで本がある場所を調べて、つたえます。武蔵野市のほかの図書館にあったら、予約してこの図書館へ取りよせます。市の図書館にない本は、市内に住んでいる人だけ、リクエストを受けつけています。リクエストされた本は、図書館の新しい本として買うこともあります。

「さがしているのは、この本ですか？」と、カウンターのパソコン画面をいっしょに見てもらって、たしかめます。

本の場所がよくわからなかったら、たなまで行って案内します。いつでも、図書館の係の人に声をかけてください。

16

閉架書庫から本を出す

　図書館には、たなには出ておらず、しまってある本もあります。しまう場所を「閉架書庫」といいます。閉架書庫にある本も、貸し出しできます。カウンターで本の場所を調べて、閉架書庫にある本だとわかったら、係の人がさがします。

> ここはまんがのたなです。この図書館では、まんがの本をかりる人も多いですよ。

❶地下にある閉架書庫で、係の人がたのまれた本をさがす。

❷カウンターで本を受け取る。

新しい利用者のカードをつくる

　図書館の本をかりるには、利用カードが必要です。「市内に住む人」「市内の会社などではたらく人」「市内の学校などに通う人」が申しこみできます。カウンターで申しこむと、わたしたちが利用カードをつくっておわたしします。

武蔵野市共通の利用カード。武蔵野市では、となり合っている５つの市や区の人も、カードをつくることができる。

❓「閉架書庫」はなぜあるの？

　読む人が少ない本や、なくなるとこまる、数の少ない大切な本などをおくためにあります。ここへは図書館の人しか入れません。読みたい本があったら、係の人が持ってきます。

武蔵野市立中央図書館の閉架書庫。たなはレールの上を動くようになっているので、ぎっしりとたなをならべて、たくさんの本をしまうことができる。

❓ほかの市の図書館の本はかりられるの？

　市の図書館にない本でも、ほかの市の図書館にあることがあります。カウンターの人に聞けば、調べて、市内に住む人だけ、この図書館に送ってもらうことができます。

ほかの市の図書館から取りよせた本。武蔵野市外のものは自動貸出機が使えないので、係の人が本のバーコードを機械で読みこんで手続きをする。

子どもの本のコーナー

子どもの本のコーナーでは、子どもたちがさまざまな本を
手に取りやすいように、くふうしてあります。

いろいろな種類の本がならぶ

子どもの本のコーナーには、物語の本や有名な
人の伝記、図鑑など、楽しむものから勉強に役立
つものまで、たくさんの種類の本があります。小
学生や中学生が読む本のほかに、赤ちゃんや小学
校に入る前の子どもが、おとなといっしょに見る
絵本もあります。

たくさんの本が、種類別にならべてあるんだ。勉強の助けになる本もあるよ。

目の高さで本の背表紙が読めるように、本だなは
ひくくしてある。本の種類を分ける青い仕切りも、
大きな字で書いてあって、わかりやすい。

●雑誌のコーナー

子どものための雑誌がおいてある。新しくきたものは、表紙が見えるように、上においてある。

●図鑑のコーナー

図鑑のシリーズがそろえてあり、調べ学習にも使える。百科事典や辞書もある。

1階のフロア図

出入口
自動返却機
カウンタ
自動貸出機
CD・DVD
2階へ
自動貸出機
けんさく機
予約だな
絵本
児童書
若者向けの本
雑誌
おはなしのへや
図鑑
出入口

●けんさく機

子ども専用のけんさく機。ひらがなとカタカナを使って、本をかんたんにさがすことができる。

●絵本のコーナー

絵本は小さな子どもの手がとどくように、せのひくいたなにならんでいる。日本の絵本、外国の絵本、どちらもある。本だけでなく、紙しばいもある。

本の整理をする仕事

図書館の本は、さがしやすいようにいつも整理
してあります。係の人に仕事について聞きました。

返却された本やCDを確認する

　自動返却機で図書館に返された本が、貸し出
しのときと同じようすで返ってきたかを、たし
かめています。読んだ人のわすれものがはさま
っていないか、やぶれやよごれがないかを見ま
す。それから、本をたなへもどします。

CD や DVD も、きず
がついていないか、た
しかめます。

? 本の正しい場所はどうやってわかるの?

　日本の図書館は、本のならび方がぜんぶ
同じになるように、決めています。図書館
ごとにばらばらだと、読みたい本をさがす
のがむずかしいからです。背表紙のラベル
についている数字は、図書館での「本の住
所」のようなものです。
本の住所は、それぞれ
の本だなにも書いてあ
ります。

機械 電気
料理
算数 理科 数学
4　5　産業 農業
社会 福祉
3　6　絵 音楽 スポーツ
学校
2　7
歴史 伝記
1　0　9　8　国語 外国語
もののの考え方 宗教
詩 物語
百科事典

たとえば、「ライ
オン」の本をさが
すとき、0から9
に分けられた分類
の中で、生きもの
は4の自然科学
(理科) に入る。

489
Y
1

本だなにも、番
号が書いてある。

すべての本を正しい場所へもどす

本が正しい場所にないと、つぎにその本を読みたい利用者がさがすことができません。たくさんの本がつぎつぎに返却されるので、わたしたちは一日に何度も、本をたなにもどす仕事をします。

みなさんがたなから本を取り出しやすいよう、おくへ引っこまないように、おいていきます。

月に一度の整理と年に一度の点検

月に一日、図書館を休みにして、図書館全体の整理をします。まちがった場所にあった本をもどしたり、全体のならべ方を見直したりします。一年のうち一度は、すべての本を点検します。すべての本が正しい場所にあるか、なくなっている本がないかを調べます。

この図書館だけで64万さつの本があるので、年に一度の点検は大変ですが、大切な仕事です。

？ ブックポストって何？

図書館がしまっている時間に、本を返すことができるポストです。図書館の建物の外から本を返すことができます。図書館が休みのつぎの日はとくに、ブックポストにたくさんの本が入っています。

ブックポストには、本と紙しばいを入れることができる。CD や DVD は返却できない。右の写真は、図書館が休みの日にポストに入れられた、たくさんの本。

？ 図書館で新しく買う本は、だれがえらんでいるの？

図書館ではたらく係の人たちが、話しあって決めます。週に一度、会議を開いて本えらびをします。人気の本だけでなく、さまざまな分野の本をえらびます。

図書館にとどけられた本の見本を、係の人たちが見て意見を出しあう。

おとなの本のコーナー

おとなの人が読む本のコーナーです。図書館の中でいちばん広く、
場所をとってあります。

> 本はぎゅうぎゅうでなく、
> ゆったりならべてあるよ。
> 本を取り出しやすくして
> あるんだ。

本だながずらりとならんでいる

　ここには、おとなが読むための本がおいてあり
ます。同じ大きさの本だながずらりとならんでい
ます。どのような種類の本も、まんべんなく集め
てあります。

●一般図書（ふつうの本）のコーナー

本の背表紙のラベルにある番号と、
分野の名前が、たなに書いてある。
読みたい本を見つけるのにべんり。

下の２段は、立ったままでも本の背表紙
を見やすいように、ななめになっている。

●ガイドブックのコーナー

日本のいろいろな場所や、世界の国ぐにをしょうかいする本がある。

2階のフロア図

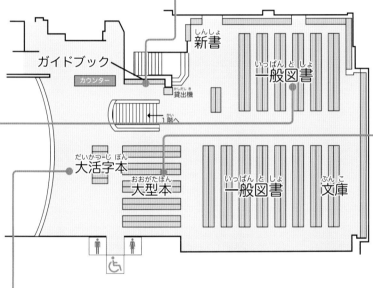

●大活字本のコーナー

お年よりなど、小さな文字を読みづらい人のために、文字や、行と行のはばを大きくしてある本がある。

右がふつうの本、左が大活字本。文章はすべて同じ。

●大型本のコーナー

写真集や図鑑など、大きく重い本がある。上下2段のたなはひくいので、上に本をのせて読むことができる。

知ってる？

貸し出し禁止の本もある

　図書館には、貸し出しができない本もあります。辞書や事典など調べもののための本は、いつも決まった場所にないと、ほかの利用者がこまるからです。背表紙に、赤いシールがはってあります。

「館内」の赤いシールがはってある。

郷土資料のコーナー

わたしたちの住むまちの昔や今について、さまざまな本が集められているコーナーです。どんなものがあるのでしょうか？

みんなのまちの
図書館には、
どんな郷土資料が
あるのかな？

郷土について調べるための場所

まちの図書館には、そのまちのことが書かれた本のコーナーがあります。図書館には、今のまちのようすや歴史についての本を集めて、調べられるようにしておくやくわりがあるからです。

100年くらい前につくられた、武蔵野市のあたりの地図が入っている箱。ほかにも、武蔵野市の歴史が書かれた本がおいてある。

はたらく人に教えてもらったよ

レファレンス係

図書館には、レファレンスのカウンターがあります。係の人に、仕事について話を聞きました。

「レファレンス」
というのは、調べる、
参考にするという
意味だよ。

利用者の調べものを手伝う仕事

　わたしたちは、利用者の「このことを調べたいんだけど、どの本を見ればいい?」という質問に答える仕事をしています。図書館にはさまざまな分野の本が集まっているので、ほとんどの場合、関係することが書かれた本を見つけることができます。東京都立図書館などの本を調べたり、ときには、本だけでなく新聞記事を調べたりもします。その場で調べられる質問もありますが、答えるのに数日かかることもあります。

　学校の調べ学習で、小学生も利用しています。

まず、利用者が知りたいことを正しくこまかく聞きとってから、パソコンを使って、図書館にある本をさがします。

ほんの少しでも利用者が知りたいことが書いてある部分を見つけたら、しょうかいします。利用者によろこばれる、ていねいな仕事を心がけています。

図書館のバリアフリー

図書館では、体が不自由な人も楽しめるようにいろいろなくふうをしています。

体が不自由な人のためのくふう

目が不自由な人には、本を読むのに壁（バリア）があります。バリアをなくすことを、「バリアフリー」といいます。図書館のバリアフリーのためのくふうには、何があるでしょうか。

拡大読書器。下においた本のページが、上の画面に大きくうつる。小さな文字を読みづらい人が使う。

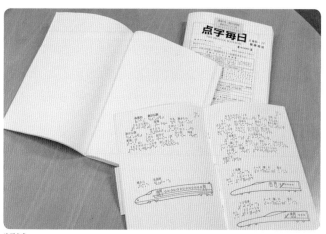

指先で字を読みとる点字の本。青い色がついている本は文字も書いてあるので、目の不自由な人と不自由でない人が、いっしょに読んで楽しむことができる。

体が不自由で図書館に来ることがむずかしい人には、本を無料で送るサービスもあるよ。

自動読み上げ機。ページを開いて機械に当てると、本に書いてある文章を機械が読んでくれる。

図書館のカウンターにあるコミュニケーションボード。耳などが不自由で会話がむずかしい人と話すときに、指さしをして使う。

目が不自由な人のための音訳

　ボランティアの人も、体が不自由な人が図書館を利用するための仕事をしています。たとえば、目が不自由で本を読めない人は、本の朗読が録音されたCD（音訳CD）を聞いて、本を楽しみます。このCDをつくるのは、ボランティアの人たちです。また、点字の本もボランティアの人たちがつくっています。

録音された音訳CD。目が不自由な人が、聞いて楽しむ。

録音のための音訳をしているボランティアの人。図書館に、専用の部屋がある。

見てみよう　手でさわって楽しむ絵本

　図書館のなかには、布の絵本があるところもあります。これらをつくっているのも、ボランティアの人たちです。フェルト布や、もようのある布などを組み合わせて、じょうぶにつくってあります。見たりさわったりして自由に楽しめます。

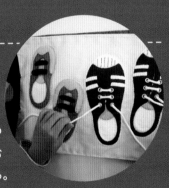

布でできた、くつの絵本。ひもをむすぶ練習もできる。

布の絵本「ななつの子」。赤い実をえだからとって、カラスにくわえさせることができる。

7羽の子ガラスを動かしたり、すの中に入れたりできる。自分でお話をつくることができるので、子どもたちに大人気。

（3まいの写真は江戸川区立小松川図書館提供）

まちの図書館と学校

まちの図書館は、小学校や中学校への協力をしています。

武蔵野市では、小学生に本を楽しく読むことをつたえる取り組みをしている。図書館の人と、本の内容についてくわしい人が小学校へ出かけて、3年生のみんなにおすすめの本をしょうかいする。

小・中学校への協力

　図書館の本を学校がかりて、学校の図書室や教室へおく取り組みがあります。調べ学習や読書の時間に、読むことができます。図書館ではたらいている人が学校へ出かけて、子どもたちに本のしょうかいをする取り組みもあります。

知ってる？ みんなが楽しみ 移動図書館

移動図書館のサービスをしている市や町があります。図書館が遠くてなかなか行けない人のために、たくさんの本をつんだ車が、決まった道を決まった時間にまわります。利用カードを使えば、図書館と同じように本をかりることができます。

長野県長野市の移動図書館、いいづな号。

館長さん

まちの図書館のよいところについて、館長さんに話を聞きました。

学校の図書室とはちがう楽しさがある

学校の図書室には、おもに勉強に役立つ本があります。まちの図書館には、学校の図書室にはない、趣味や好きなことについての本もたくさんあります。どんどん利用して、好きな本を見つけてください。

みなさんが図書館に来たときに楽しんでもらえるように、わたしたちはがんばっています。

カウンターでたくさん話をしてほしい

まちの図書館には、「司書」という資格をもった、本にとてもくわしい人がいます。カウンターに行って、みなさんが興味をもっていることを司書の人に話してみてください。興味にあった本をしょうかいしてくれますよ。ぜひカウンターでお話をして、図書館をさらに楽しんでください。

？「分館」は何のためにあるの？

公共図書館には、本館と分館があります。本館は、郷土資料を多く集めるなど、市の図書館の中心です。分館は、本館から遠い場所に住んでいる人のためにあります。本館にしかない本や資料は、分館に送ってもらい、読む人は分館で受けとることができます。

武蔵野市には、2つの分館があります。どちらも駅前のべんりな場所です。

分館のひとつ、「武蔵野市立ひと・まち・情報創造館 武蔵野プレイス」。図書館のほかに、カフェや遊び場、音楽室など、いろいろなやくわりをもつ場所がまとめられた新しいタイプの施設。

武蔵野市立吉祥寺図書館。さいきん、新しくなった。きれいで使いやすい図書館となり、人気だ。

ワンステップアップ！
いろいろな図書館

まちの図書館のほかにも、いろいろな種類の図書館があります。
目的にあわせて、図書館を利用しましょう。

国がつくった図書館

国がつくった図書館を国立図書館といいます。国民みんなのために、つくっている図書館です。

国際子ども図書館

子どもの本の専門の図書館。日本国内の本 30 万さつ、外国の本 10 万さつがある。すべての子どもが、図書館や読書に親しむきっかけをつくることができるように建てられた。学校の図書室への貸し出しもしている。

「子どものへや」には、およそ 1 万さつの本がある。昔から広く読まれてきた絵本や、子どもむけの物語の本などが集めてある。

国立国会図書館

日本の国内で出ている、すべての本を集めている。見つからない本があっても、ここに来ればどんな本でもさがせる。図書館の外への貸し出しはできないが、一部をコピーをして持ち帰ることはできる。

ぜんぶで、1200万さつもあるんだって！すごい数だね。

専門の図書館

　目の不自由な人のために、点字図書館があります。点字の本や録音のCDをつくったり、貸し出したりしています。

日本点字図書館

点字図書・録音図書（CD）が、それぞれ2万点くらいある。

本の題名が点字でつけてある。背表紙ではなく、本をたなからとったときに指にさわる、表紙の左はしについている。

電子図書館

　紙の本ではなく、パソコンやタブレット、スマートフォンなどの画面で読む本を電子書籍といいます。電子書籍を貸し出すインターネット上の図書館があります。電子書籍の貸出、返却、予約ができます。

絵本をタブレットの画面で見たところ。

千代田Web図書館

インターネットにつながる場所なら、24時間365日いつでもどこでも、電子書籍を利用できる。図書館までかりに行く必要がないので、べんり。千代田区に住む人、区内ではたらく人、区内の学校へ通う人などが利用できる。

博物館に行ってみよう

郷土博物館を調べよう！

郷土博物館は、まちの歴史を学ぶことができる施設です。
ここでは、杉並区立郷土博物館を見てみましょう。

博物館の入り口は、「旧井口家住宅長屋門」といって、200年くらい前に建てられた建物。

みんなのまちの
郷土博物館では、
どんなものが
見られるかな？

周辺地図

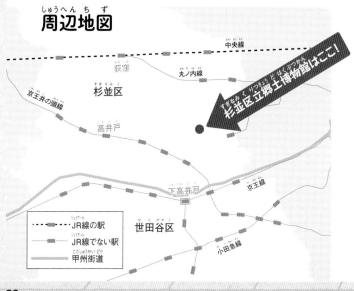

杉並区立郷土博物館はここ！

中央線

荻窪

丸ノ内線

杉並区

京王井の頭線

高井戸

京王線

下高井戸

世田谷区

小田急線

JR線の駅
JR線でない駅
甲州街道

●建物の案内図

古民家へ

特別展示室

常設展示室

事務室

出入り口

いつも同じものを展示している「常設展示室」と、時期によってちがう展示をする「特別展示室」がある。

まちの歴史がわかる！

広い展示室には、杉並区の歴史をたどることができるように、古い順に展示物がならべてあります。何万年も前の遺跡から見つかったものから、数十年前のできごとまで、ひとつの展示室で杉並の歴史をたどることができます。

ひとまわりで杉並の歴史を学べる、常設展示室。

まちのはってんの歴史を知る

今と昔のまちのようすが変わる場合は、大きく展示されていることがよくあります。今は住宅地としてはってんする杉並区ですが、昔は農業がさかんなまちでした。また、甲州街道とよばれる重要な道が昔からあり、旅人がとまる宿もたくさんありました。杉並区立郷土博物館では、畑と宿が広がるようすの模型が大きく展示されています。

高井戸宿の模型の説明をする、博物館の係の人。まちの歴史にとてもくわしく、何でも教えてくれる。

200年くらい前に、旅人がとまるための宿がたくさんつくられた高井戸宿のようす。街道にそって宿があり、その後ろに広い畑がつづいているのがわかる。

江戸時代からあった甲州街道は、今ではたくさんの車が通る道になっている。

昔のくらしを知る

昔の道具は、
みんなの家に
あるものと、
どんなふうに
ちがっているかな?

　大きな戦争のあと、日本中の多くのまちは、とても速いスピードで都市へと変わっていきました。今から50年前には、テレビや洗濯機がある家が多くなりました。道具とともに、くらしも変わっていきました。

●ご飯をたく道具

かまど。電気が使われるようになる前は、毎日のご飯はかまどで火をもやして、たいた。

電気炊飯器。発売のさいしょのころは、あたたかさを長持ちさせる「保温」は、できなかった。

●洗濯をする道具

洗濯をするためのいろいろな道具。時代ごとにならべられ、変わっていったのがわかる。

●家の中のようす

小学生は今と同じようなランドセルをせおって学校へ通ったが、男子は黒、女子は赤が多かった。

50年くらい前の家の中のようすを表したコーナー。

昔からの行事を体験する

　それぞれのまちでは、毎年同じ時期におこなわれてきた行事があります。まちの郷土博物館では、こうした行事を大切に残したいと考えています。そのために、子どもたちも楽しめるイベントを考え、開いています。

杉並区立郷土博物館の古民家では、七夕のときにかざる「七夕馬」づくりの体験ができる。

調べよう！ まちに残っている古いもの

　杉並区立郷土博物館のはなれに、古民家が展示してあります。今からおよそ200年前に建てられ、50年前まではじっさいに人が住んでいた家です。いろりのそばにすわったり、土間のかまどを見たりできるようにして、昔の人たちの生活を体験できる場所として残しています。

旧篠崎家住宅主屋。農家の人がくらしていた。

いろりで火をもやし、一家がかこんでいた。

そのほかの公共施設

市民スポーツセンター

まちには、市がつくったスポーツセンターがあります。これらも、公共施設です。

体を動かして、いきいきした毎日を

子どももおとなもお年よりも、スポーツをすることで健康な生活ができます。だれでもスポーツを楽しむことができるように、市や町は、スポーツセンターや体育館などをつくっています。

東京都墨田区のすみだスポーツ健康センター。区の公共施設である清掃工場のごみをもやすときに出る熱を利用した、屋内プール。

流れるプールやウォータースライダーが子どもたちに人気。お年よりも、水中ウォーキングなどにおとずれる。

このスポーツセンターでは、水泳やヨガの教室も開かれているよ。ほかの市に住む人も、参加できるんだ。

市民文化会館

市民文化会館は、ホールや練習室があって、市民が
音楽や劇を楽しむところです。

市民が芸術を楽しむ場所

市民文化会館では、市民が集まってイベントをしたり、
音楽家によるコンサートや、役者による舞台を楽しんだり
します。ホールのほかにも、練習室や茶室、展示室などが
あります。いろいろなイベントに市民が参加して、楽しみ
ます。

武蔵野市民文化会館のホールでは、毎日さまざま
な舞台公演がある。外国の楽団が、ホールで本番
前のリハーサルをしているところ。

武蔵野市民文化会館フェスティバル「アルテ親子ま
つり」のようす。市民文化会館のいろいろな場所を
使っておこなわれた。写真は、ホールでイベントを
楽しむ子どもたち。

練習室では、楽器の演
奏や合唱などの練習が
できる。「アルテ親子
まつり」ではイベント
会場となり、子どもた
ちが打楽器をたたいて
リズムを楽しんだ。

たくさんの親子が
参加したんだって。
楽しそうだね!

37

さくいん

図書館を見学しよう！

| 年 | 組 | 番 |

名　前

▶ 図書館には、どんな係の人がいて、はたらく人はどんな仕事をしているかな？
気になる係について、書いてみましょう。

＿＿＿＿＿＿＿＿係	
＿＿＿＿＿＿＿＿係	
＿＿＿＿＿＿＿＿係	

▶ どの係の人にお話を聞いたかな？

＿＿＿＿＿＿係＿＿＿＿＿＿＿＿＿＿さん

▶ 見学して、気づいたことやぎもんに思ったことを書こう。

| 指導 | 新宅直人（東京都杉並区立天沼小学校教諭） |

装丁・本文デザイン	倉科明敏（T.デザイン室）
企画・編集	渡部のり子・増田秀彰（小峰書店）
	常松心平・鬼塚夏海（オフィス303）
写真	樋口 涼・平井伸造
キャラクターイラスト	すがのやすのり
取材協力	武蔵野市立中央図書館、杉並区立郷土博物館

| 地図協力 | 株式会社ONE COMPATH、インクリメントP株式会社 |
| 写真協力 | 武蔵野市立中央図書館、武蔵野生涯学習振興事業団、国際子ども図書館、国立国会図書館、社会福祉法人日本点字図書館、千代田区立図書館、江戸川区立小松川図書館、長野市立南部図書館、杉並区立郷土博物館、公益財団法人武蔵野文化事業団、すみだスポーツ健康センター、PIXTA |

調べよう! わたしたちのまちの施設 ②
図書館

2020年4月7日　第1刷発行

発 行 者　小峰広一郎
発 行 所　株式会社小峰書店
〒162-0066 東京都新宿区市谷台町4-15
TEL 03-3357-3521　FAX 03-3357-1027
https://www.komineshoten.co.jp/
印刷・製本　図書印刷株式会社

© Komineshoten 2020 Printed in Japan
NDC010　39p　29×23cm　ISBN978-4-338-33202-6